Increase Mather, Johannes Leusden

**Ein Brieff von dem glücklichen Fortgang des Evangelii**

Increase Mather, Johannes Leusden

**Ein Brieff von dem glücklichen Fortgang des Evangelii**

ISBN/EAN: 9783743389335

Hergestellt in Europa, USA, Kanada, Australien, Japan

Cover: Foto ©ninafisch / pixelio.de

Manufactured and distributed by brebook publishing software (www.brebook.com)

Increase Mather, Johannes Leusden

**Ein Brieff von dem glücklichen Fortgang des Evangelii**

# Ein Brieff
von dem
## Glücklichen Fortgang
des Evangelii
Bey den
### West-Indianern in Neu-Engeland
An den berühmten
#### Herrn Johann Leusden/
Der H. Sprache Professor auff der hohen Schule
zu Utrecht geschrieben
von
CRESCENTIUS MATHERUS,
Diener des Worts Gottes bey den Bostoniensern
und Rectore des Harvardinischen Collegii zu Cantabrig
in Neu-Engeland
Londen/ druckts J. G. 1688.
Zum andernmahl gedruckt und mit dem glücklichen
Fortgang des Evangelii bey den Ost-Indianern
vermehret
Utrecht gedurckt bey W. B. 1693.

Allen frommen Christen/ welche sich über der Ausbreitung des geistlichen Reichs Christi billig von Hertzen erfreuen
am besten; Insonderheit aber allen wahren Bekennern der in Gottes Wort gegründeten Reformirten Religion zu einem sonderbahren Trost und krässtigen Auffmunterung die gnädige Fürsorge Gottes in Fortpflantzung und Ausbreitung dieser
Religion zu verherrlichen/
Aus dem Lateinischen ins Hochteutsche übersetzet
Von einem Bekenner der Warheit die nach der
Gottseligkeit ist.

Halle/ Gedruckt bey Christoph Salfelden/ 1696.

*Zach. VIII.*
18.

So spricht Jehovah Zeboth/ Siehe/ ich wil selig machen mein Volck aus dem Lande gegen den Auffgang und aus dem Lande gegen Niedergang der Sonnen. Und wil sie herzu bringen daß sie zu Jerusalem wohnen/ sie sollen mein Volck seyn und ich wil ihr Gott seyn in Warheit und Gerechtigkeit.

Wohl-

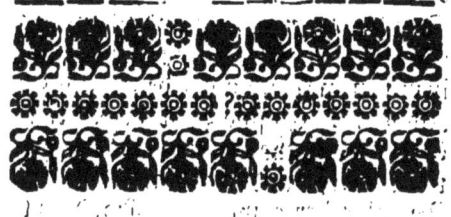

## Wohlgemeinte Anspra-
che des Ubersetzers an den gottseligen Leser.

### Geneigter Leser!

DU siehest zwar hier nur einige wenige Blätter; Allein so du dieselben recht durch-liesest / findestu in Warheit in denensel-ben etwas grosses / und ein rechtes Wunderwerck der allmächtigen und seligmachenden Gnade GOTTes; Also daß ich bald im Anfange dieser Schrifft billich deine Auffmercksamkeit ein wenig auffmuntere / und dir nebst allen Gottseligen Christen zuruffe mit

A 3          David

**Psal. LXVI. 5.** David: Kommet her und schauet an die Wercke Gottes/ der so wunderlich ist in seinem Thun unter den Menschen Kindern! Es sind zwar die Wercke Gottes/ allenthalben und zu allen Zeiten kräfftige und gleichsam lebendige Zeugniße der allmächtigen Hand Gottes und derselben göttlichen Wunder/ wie aus der Erschaffung/ Erhaltung und Regierung dieses großen Schauplatzes aller Creaturen zur gnüge erhellet; Nichts destoweniger aber sehen wir fürnehmlich hiervon unter andern eine sehr herrliche Probe/ wenn wir die wunderbahre göttliche Fürsorge/ Erhaltung/ Regierung und Vermehrung seiner Rechtgläubigen Kirche/ mit fleißiger Auffmercksamkeit etwas genauer bey uns überlegen.

Zu den Zeiten Christi/ waren außer denen Apösteln sehr wenige/ welche Christum durch wahren Glauben annahmen/ also daß es menschlichem Ansehen nach unmöglich schien zu seyn/ daß die Kirche des Neuen Testaments in einem so glückseligen Zustande zu sehen/ wie die Propheten in ihren Weissagungen ehemahls verheissen/ wie wir es anjetzo erfah-

erfahren/nach der einhelligen Verkün-
digung dieser Propheten noch ferner
hoffen. Es ward zwar bey der sicht-
bahren Außgiessung des Heiligen Gei-
stes am Pfingst-Fest/ ein mercklicher
Grund des geistlichen Baues der Christen geleget/ allein es widerstund in diesem Wercke den Heiligen Aposteln/ an
der einen Seite das verstockte Jsrael/
an der andern Seite das blinde Heiden-
thumb/ welche gleich einem Sanebal-
lat und Tobia/ den Bau des Tempels
Gottes zu verhindern/ ihre äußerste
Kräffte anwendeten; Jenen war unsere göttliche Krafft und unsere göttliche
Weißheit/ der gecruhigte Christus/ wel- 1. Cor. I.
cher die Heiligen Apostel verkündigten/ 24. 25.
eine Aergernüß/ diesen aber eine Thor-
heit.

    Ob nun wohl dessen ungeachtet
der geistliche Bau der Kirchen/ unter
dem Segen Gottes/ durch die allmäch-
tige Krafft seines Geistes/ je länger je
glücklicher von staten gieng/ nichts destoweniger trachten die heydnischen
Käyser alsobald durch blutige Verfol-
gungen der Kirche zu widerstehen/ und
so es möglich/ dieselbe gar zu verschlin-
gen/

Cant. II.
15.
Psal.
LXXX.
14.

gen. Hierauff schleichen allerley Ketzer als kleine Füchse und wilde Säue in den geistlichen Weinberg Christi denselben zu verderben und zu verwühlen; bis endlich die finstere Wolcke des Anti-Christs des Pabstthums auffziehet/ da die Kirche des Neuen Testaments ihre Freyheit und vorige Gestalt gantz verliehret/ in die Dienstbarkeit des geistlichen Egyptens geräht/ und also aus einem freyen Sohn Jacobs/ sein Knecht und Sclave Pharaonis wird.

In solcher Dienstbarkeit seufftzet sie so lange nach Mose/ bis Gott der HErr endlich die Werckzeuge der Reformirung seiner Kirchen/ und der Verherrligung seiner Ehre P. Waldum, J. Wicklefum, J. Hussium, H. Pragensem, M. Lutherum, J. Calvinum und andere erleuchtete Männer mehr ausrüstet/ welche das Volck Gottes aus dieser geistlichen Dienstbarkeit Egypti ausführen und in gewünschte Freyheit setzen. Sehet/ so groß sind die Wercke Gottes! So wunderbarlich ist er in seinem Thun unter Menschen Kindern!

Israel

Israel und Juda gehet zwar zusammen aus diesem Anti-Christischen Egypten/ allein weil Juda Israel nicht in allen beypflichten wil/ sondern feste an GOTT und seinem rechten heiligen Gottes-Dienst hält/ und mit denen güldenen Kälbern des geistlichen Egyptens/ nichts mehr wil zu schaffen haben/welche Israel zum Theil noch nicht vergessen kan; Sehet so schläget, Israel Juda die Brüderliche Liebe ab/ verbleibet auch/ bey der noch bis auff diese Stunde in solchen gehässigen Fürsatz/ Juda als einen Ketzer zu schelten/ und desselben Lehre und Gottesdienst zu verdammen. Allein Blindheit ist eines theils Israel wiederfahren: Sie eyfern umb GOTT/ allein ohne Liebe gegen ihren Nächsten/ und also mit Unverstande; Welches unlängst das unpartheyische Urtheil und friedliebende Gemüthe eines hochgelehrten und weitberühmten Lehrers Lutherischer Religion auf einer hohen Schule unter vielen andern zum Frieden und der Einigkeit der Kirchen dienenden Dingen/ mit diesen Worten zu verstehen gegeben: **Debebant enim**

*Hos. XI. 12.*
*I. Reg. XII. 28.*

*Rom. XI. 25.*

*Rom. X. 2.*

nim utique & Reformatorum hic habere rationem. Sed vide malitiam! ne dicta scripturæ de vitando fratris scandalo, ipsorum libidini viderentur obstare, persvaserunt Laicis Reformatos non esse Fratres: Das ist: Dann es solten hier freylich (die Lutheraner) auch auff die Reformirten ihr absehen haben. Allein siehe welche eine Boßheit! Damit die Zeugnisse der Schrifft,

Schrifft / welche den Bruder zu ärgern verbieten / ihren Affecten nicht möchten scheinen zuwider zu seyn / bereden sie das gemeine Volck / daß die Reformirten keine Brüder seyn. Welche liebloße Arglistigkeit der geachte Autor sehr nachdencklich Rationem Status Pseudo-Politicæ Clericalis nennet.

Unter dessen hat das friedliebende Juda / über solchen verdammenden Eyfer des hitzigen Israels / nicht Ursach weder entrüstet noch viel weniger kleinmüthig zu werden / sondern vielmehr mit derselbe Schwachheit ein hertzliches Mitleiden zu tragen / und um eine rechtmäßige Erkentnüß derselben / für sie / GOtt demüthigst anzuruffen.

Wird

Wird schon das Reformirte Jud[en]
in einem Winckel der Erden m[it]
Schwerdt und Feuer auf das hefftig[ste]
gleich seiner Apostolischen Mutter ve[r-]
folget; Wird dasselbe schon an e[i-]
nem andern Ende der Erden gleich K[e-]
tzern und Irrgeistern unrechtmäßig g[e-]
hasset/ desselben in Gottes Wort ge[-]
gründete und nach dem Exempel der A[-]
posteln eingerichtete Religion mit ei[-]
nem grausamen Anathema geschlagen
und also dem Zeuge des lebendigen Got[-]
tes von manchem hochmühtigen Gol[i-]
ath hohn gesprochen; Ey komme
dennoch her und schauet an die Werck[e]
Gottes/ der so wunderlich ist in seinen
Thun unter den Menschen Kindern.
GOTT ersetzet die betrübte Thränen
mit einem erfreulichen Lachen/ wann e[r]
aller Welt kund thut/ wie lieb ihm sei[n]
Reformirtes Juda sey/ welches er selb[st]
in den entlegensten Ländern der Erde[n]
mit Bekehrung so vieler hundert tau[-]
send barbarischen Heyden so vielfälti[g]
vermehret/ dessen uns diese übersetzt[e]
Zeugnisse der daselbst sich befindende[n]
Diener Gottes völligst versichern.

In Warheit gleich wie diese ge[-]
wünscht[

)enen ein Dorn
welche die Ver-
den/des Reichs
hie anschauen;
en jetzigen/web-
reich Christi de-
eitung von Her-
n/nichts anders
nügen und Fro-

as die Unfrucht-
rbar wird/also
er Unfruchtbar-
igung des leben-
gleichsam zu ruf-
mir zu enge/rü-
r wohnen möge.
eit dieser Zeiten    *Jes.*
nehmen sie Ur-    *XLIX.*
tes zu preisen/in    19. 20.
Gott Abraham    *Matth.*
nischen Steinen    *III. 9.*
e rühmen die
in sie sehen/daß
nach göttlicher
ebohren werden.    *Psal.*
Herrligkeit ihres    *LXXXVII*
wids/wann sie    4.
s einem Haupte    *Ps. XXII.*
dienet und ihm    44. 45.
mit

)( o )(

mit gehorsamen Lippen gehorchet/ welches er zuvor nicht kante.

Unsre Pflicht wird es fürnehmlich seyn/ die wir bereits aus der heydnischen Finsternüß zu dem wahren Lichte beruffen seyn und zusammen das geistliche Egypten und Anti-Christische Babel verlassen haben/ daß wir als geistliche Bürger in dem Christlichen Friedens Zion und rechtschaffene Unterthanen des Fürsten des Friedens und Hertzog nuserer Seligkeit Christi JESU uns untereinander nicht selbsten lästern und verdammen/ sondern vielmehr einander in Christlicher Einigkeit brüderlich Hände biethen/ damit also die zerbrochene Brüderschafft zwischen Juda und Israel wiederumb in der Hand des HErrn zu einem Holtze möge vereiniget werden/ und also Juda und Israel in gewünschter Einigkeit und Verträulichkeit ihren geistlichen König David lieben.

*Zach. XI. 14.*
*Ezech. XXXVII. 56.*
*1. Sam. XVIII. 16.*

Hierauff weiset uns nicht nur allein die Heilige Schrifft; Hierzu verbindet uns nicht nur allein der geistliche Friede als ein Kennzeichen des Neuen Testaments sodern hierinnen gehet uns auch bereits für nebst andern hocherleuchteten Männern/ selbst durch der

Geist

st Gottes regirete Welt-Häupter,
leuchtet allen protestirenden Chri-
in sonderheit hierinnen vor S-
urfürstl. Durchl. zu Brandenburg
rechter friedliebender Salomo und
esfürchtiger Josias unserer Zeiten,
en gottselige und eyfrige Vorsorge
 den Frieden der Kirchen und die
reinigung unserer beyderseits Reli-
en, in der ganzen Welt zu seinem
in ruhm weit und breit erschallet.
 Wir müssen bedencken, daß wir
then des Friedens seyn und in Zion  *Jes. LII.7.*
Frieden zu verkündigen, nicht aber
den Gassen des Christlichen Jerusa-
s Lermen zu schreyen von Gott ge-
 werden, und uns stets zu Gemüthe
en, daß wir dermahleins werden
henschafft geben müssen, wie wir
Frieden den uns Christus erwor-
gegeben und gelassen zu Vermeh-
 seines Friedens Reiches angewen-
haben. Die Reformirte ist noch
it und lässet nicht nach, sich friedli-
 überzeigen; und wird sie schon ge-
et und verdamet, so wil sie dennoch
s weges gleiches mit gleichem vergel-
sondern darnach trachten wie sie    *Gen.*
s Zorn mit Jacobs Leutseligkeit      *XXXII.*
nfftige und überwinde und mit Da-
vid

| | |
|---|---|
| II. Sam. XVI. 10. | und sage: Laß sie fluchen / denn der HErr hats ihnen geheissen. |
| | Es wird dem allerhöchsten GOtt noch dermaleins gefallen Israel und |
| Ezech. XXXVI. 16. | Juda also zu vereinigen daß sie zusammen kommen und mit einander nach Canaan zu dem HErrn gehen. Wir |
| Jer. III. 18. | werden in unsern Nachkommen noch die glückliche Zeiten beleben / daß wir |
| Jerem. XXIII. 6. | mit vereinigter Stimme über den Fall des Anti-Christs jauchtzen und ausruffen werden: Sie ist gefallen Babel |
| Apoc. XIV. 8. | die grosse Stadt! Worauff die Fülle |
| Rom. XI. 25. | der Heyden wird eingehen/ gantz Israel selig werden und also alle Reiche der |
| Apoc. XI. 51. | Welt des HErren und seines Christi seyn werden; bis wir endlich mit diesen bekehrten Mohren mit der gantzen triumphirenden Kirchen in lieblicher Harmonie und brüderlicher Einigkeit werden zusammen stimmen und ausruffen: HErr JEsu! Du hast uns |
| Apoc. V. 9. 12. 13. | erkaufft mit deinem Blut / aus allerley Geschlecht / und Zungen / und Volck / und Heyden. Du bist würdig zu nehmen Krafft und Reichthum / und Weißheit / und Stärcke / und Preiß und Lob von Ewigkeit zu Ewigkeit / Amen. |

## Ein Brieff
von dem
### Glücklichen Fortgang
des Evangelii
bey den
### West-Indiern in Neu-Engeland

Dem Fürtrefflichen / Hochberühmten
und Hochgelahrten

## Herrn Johann Leusden

Edler und Hochzuehren-
der Herr!

Esselben Schreiben ist uns
sehr angenehm gewesen/
aus welchem wir verstan-
den/ wie derselbe nebst andern auff der weitberühmten hohen
Schule zu Utrecht / gewisse Nachricht

richt verlanget / von denen Dinge[n] welche die bekehrten Indianer i[n] America anlangen. Dienet a[l]so dieses wenige zu einer warhaff[ti]gen Nachricht. Es sind bereits me[hr] als viertzig Jahr verlauffen/ da d[er] recht gottselige Mann Johan[n] Elliot Wohl-Ehrwürdiger Pred[i]ger der Kirchen zu Rex in Ne[u] Eggeland (welche über zwantzi[g] tausend Schritte von Bostone[n] nicht abgelegen ist/) durch ein[en] sonderbahren Eyfer/ die American[i]schen Heyden zu bekehren entzünd[et] die Indianische Sprache hat lern[en] wollen / damit er ihnen desto leicht[er] Geheimnüsse des Evangelii offe[n]bahren möchte. Dannenhe[ro] heisset auch dieser Elliot (und zw[ar] nicht unbillig) der Americanischen Indianer Apostel. Dieser Ehrwürdige Mann hat die gantze heilige Bibel nicht ohne unerträglicher Arbeit übersetzet/ und in die Indianische Sprache gebracht. Er hat auch verschiedene Englische Tractaten in welchen die Ubung der Gottsgelahrtheit enthalten/ und kurtze Begriffe der Christlichen Religion in der Indianer Sprache übersetzet. Vor sechs und zwantzig Jahren hat er in dem Städlein/ Natick genant/ aus denen bekehrten Indianern eine Gemeine gesamlet. Diese erkenneten ihre Sünden nicht sonder Thränen/ und bekenneten offentlich den Glauben an Christum. Darnach sind so wohl sie als ihre Kin-

Kinder getauffet und in dem Bunde der Kirchen sehr feyerlich vereiniget worden. Herr Elliot ist der erste gewesen / der ihnen das H. Abendmahl gereichet. Anjetzo aber ist derselben Prediger ein Indianer / mit Nahmen Daniel Uber diese Gemeine zu Natick / sind noch vier Reformirte Gemeinen der Indianer / welche den Nahmen Gottes und JESU Christi feyerlich anruffen / diese alle werden von Americanischen Predigern bedienet. Herr Elliot pflegte vor diesem alle zween Monat bey ihnen zu predigen ; Nunmehr aber ( da er in das vier und achtzigste Jahr seines Alters gehet ) verliehret er durch

Ar-

Arbeit und Alter seine Kräffte. Es
befindet sich noch eine andere Ge=
meine / bestehende aus lauter be=
kehrten Indianern in einem Städt=
lein mit Nahmen Marshippaug/
welches von uns über funfftzig Mei=
len abgelegen. Der erste Predi=
ger in dieser Gemeine ist gewesen
ein Engeländer/welcher die Arme=
ricanische Sprache verstund / und
ihnen also in ihrer eigenen Sprache
das Evangelium verkündigte. Die=
ser Englische Prediger ist zwar ge=
storben/ nichts destoweniger hat
diese Kirche nun einen Indianischen
Prediger. Uber diese sind noch
fünff Indianische Gemeinen / die
den Nahmen Christi bekennen/
B 3 welche

welche nicht weit von Marshippaug abgelen seyn/ und Indianisch Prediger haben. Johann Lotton prediget der Gemeine zu Plimouth/ (der Sohn meines geehrten Schwieger Vaters Johannis Lottons/ weyland hochberühmten Lehrers der Bostoniemsischen Kirchen) hat in der Erlernung der Indischen Sprache sonderbahr zugenommen/ und ist in derselben sehr erfahren. Dieselbe prediget alle Wochen bey diesen letzterwehnten fünff Gemeinen einmahl in Indischer Sprache.

Ferner ist unter den Einwohnern zu Saconet (in einer Plimouttischen Stadt) eine grosse Menge der

der jenigen/ welche unterscheids halber betende Indianer genennet werden/ als welche Gott in Christo anbeten. Noch mehr/ nicht weit von dem Vorgebürge/ welches die Engeländer Cape Cod nennen/ werden noch sechs Versamlungen dieser Heyden unter die (Christliche Reformirte) Catechizanten gezehlet/ bey welchen sich sechs Indianische Prediger des Worts Gottes befinden. Derer Versamlungen Samuel Treat das Neu-Engeland/ Prediger der Estamensischen Kirchen ohne Dollmetscher zu besuchen pfleget. So sind auch noch Kirchen/ bey den Nantucketensern aus der Insulen/ welche einen

Prediger haben/ der weyland ein Heyde war / dergleichen verschiedene Versamlungen der jenigen/ welche von bekehrten Indianern in dem Catechismo unterwiesen werden. Es ist auch noch eine andere Insul / ohngefehr sieben Meilen lang (genant die Insul Marthæ) da zwey Gemeinen gepflantzet werden/ welche berühmter seyn als die andere Americanischen Kirchen. Dereu einer ein alter Indianer Hiacoemes genant/ zum Prediger fügesetzet ist; Dieses Indianischen Predigers Sohn Johann Hiacoemes ihnen die Geheimnisse der Religion öffentlich lehret / wie sein Vater. In der andern Gemeine
die-

dieses Orts prediget **Johann Tockinosh** ein bekehrter Indianer. In diesen Gemeinen werden selbst aus denen Heydnischen (anjetzt aber bekehrten) Predigern Aeltesten und Vorsteher hinzu gefüget/ welche die Kirche regieren. Die Prediger seynd durch die Stimmung des Volcks erwehlet worden/ und nach vorhergehenden Fasten und Gebet haben ihnen Herr **Elliot** und Herr **Cotton** die Hände auffgeleget; Also daß ihre Ordinirung recht ordentlich zugegangen. Alle die Gemeinen der bekehrten Indianer/ so wohl Catechizanten/ (als welche sonst ordentliche Glieder der Gemeine seyn) pflegen alle Tage des Herrn zusammen zu kommmen. Der Pastor oder Prediger fänget allezeit mit dem Gebeth an/ uñ zwar ohne Erinnerung / weil es ihm von Hertzen gehet. Darnach wenn der Præses oder Vorsteher der Versamlung sein Gebeth geendiget hat / so preiset der gantze Chor dieser Indianer GOTT mit singen. Nachdem sie einen Psalm gesungen/ verlieset derjenige/ der predigen soll/ einen Ort aus der heiligen Schrifft [entweder ein oder mehr Verse nach belieben] leget ihn aus / setzet Lehren / und bestädiget dieselbe mit der Schrifft und andern Gründen/ und bringet einige Zueigungen herbey/ nach Art der Engeländer/ von welchen

welchen sie unterwiesen werden
Darnach beschlüsset das andere
Gebeth zu Gott im nahmen Christi
den gantzen Gottesdienst. Auff diese
Weise kommen sie zweymahl an einem jeden Tage des HErrn zusammen. Ausser dem Tage des HErrn
feyren sie keine andere Feste, es sey
denn, daß ihnen eine sonderbahre
Begebenheit Gelegenheit darzu ge-
be, da dann gantze Tage entweder
mit Dancksagung oder mit fasten
und beten, und grossen Hertzens
Eyfer auf das feyerlichste begehen.
Ehe die Engeländer an diesen Orten
anlandeten/ war diesen barbarischen
Völckern der wahre Nahme Gottes gantz unbekant/ und daher ge-
brauchen

brauchen sie sich auch in ihren Gebethen und Predigten der Englischen Wörter und Redens-Arten. Ruffet jemand den allerheiligsten Nahmen Gottes an/ so spricht er Jehovah/ oder God/oder Lord. Also haben sie auch viel andere Wörter / welche die Dinge ausdrücken / so zu der Theologie oder Gottesgelahrtheit gehören / von uns erlernet und zu entlehnen vonnöthen gehabt.

Damit ich alles kürtzlich zusammen fasse: So werden sechs Gemeinen getauffter Indianer / und achzehen Catechizanten Gemeinen in Neu-Engeland gefunden/welche den Nahmen Christi öffentlich bekennen.

kennen. Von den Indianern sind vier und zwantzig/welche das Wort Gottes predigen/ und ausser diesen vier Prediger aus Engeland/welche das Evangelium in der heydnischen Sprache predigen. Nun bin ich schon müde von schreiben/ und fürchte/ daß ich denselben nicht verdrießlich falle/wo ich mehr erzehlete. Doch muß ich noch beyfügen [welches mir bey nahe entfallen wäre] daß viele unter den Indianischen Knaben seyn welche den von dem berühmten Gottesgelehrten **Guilielmo Perkins**/ oder von der Synode in Engeland zu **Westmonaster** ausgegebenen Catechismum

chismum/ auswendig wissen/ und in ihrer Mutter-Sprache auf alle darinn vorkommende Fragen antworten können/ und auch zu antworten pflegen. Aber gnug anjetzo. Einige Brieffe von dem glücklichen Fortgang des Evangelii bey den Ost-Indiern und fürnemlich bey denen in der Insul Ceylon melden recht wunderbare Dinge/ als das dreymahl hundert tausend Menschen den Nahmen und die Religion unsers HErrn JesuChristi solten angenommen haben/ welche wunderbahre Bekehrung eine Frucht wäre des Unternehmens der aus Holland dahin gesandten Prediger.

biger. Ich ersuche denselben mir hiervon gewisse Nachricht mit zu theilen. Desselben Dissertationes von den Philologischen Dingen/ womit derselbe mich beschencket, und glücklich gemachet/ seynd (so ich etwas urtheilen kan) sehr rein in der Lehre/ gelehrt und höchstwürdig/ daß sie gelesen werden. Es versichere sich derselbe von mir aller Geflissenheit und Dienste/ ich werde desselben Meinung von mir nicht betriegen. Er grüsse die hochberühmten Professores auf ihrer hohen Schule von mir/ und lasse dieselben diesen Brieff auch lesen/ als wenn er auch an sie ge-

geschrieben wäre. Er lebe wohl/
Edler Herr/ GOTT erhalte Ihn
noch lange zum besten des Vater-
landes/ der Kirchen und der gelehr-
ten Welt

Ich bin dessen/ so lang
ich mein bin

Crescentius Mather.

Zu Bostonien in
Neu-England
den 12. Jul. 1687.

### Andere Schreiben
von dem
### Glücklichen Fortgang
des Evangelii
bey den
### Ost-Indiern
geschrieben
theils von
### Herrn Hermann Specht/
Diener des Worts Gottes in der Stadt
Columbo gelegen in der Insul Ceylon
theils von
### Herrn Adriano de Mey/
Diener des Worts Gottes in Jaffanapatnam in eben derselbigen Insul gelegen/
und Rector des Malabarischen
Collegii
und von
### Herrn Franciscus Valentin/
Diener des Worts Gottes in Amboin
an denselben
### Johann Leusden.

## Johann Leusden
Entbietet dem Leser seinen Gruß!

ES geschiehet in dem vorhergehenden Schreiben Meldung von der seltzamen und den Americanern unglaublichen Bekehrung der Ost-Indier in der Insul Ceylon/ als wann dreymahl hundert tausend Menschen den Nahmen und die Religion unsers HErrn JEsu Christi angenommen hätten/ welches fast unglaublich scheinet. Damit ich nun zeigen möge/ daß es sich eben nicht anders verhalte/ und wie mit der Zeit noch eine weit grössere Bekehrung zu hoffen sey/ aus Auffrichtung der Ma-
labari-

labarischen Schulen / welche auf Befehl des Hoch-Edlen Herrn von Rhede Regenten in Jaffannpatnam auffgerichtet ist; In welcher viel Malabarische Knaben erzogen / in der Holländischen Sprache unterwiesen und durch Hülffe dieser Sprache in Künsten und Gründen der Christlichen Religion unterrichtet werden / damit diese Knaben mit der Zeit Lehrer / Proponenten und Prediger werden mögen; Als haben wir einige Auszüge kürtzlich fürstellen wollen / genommen aus den Schreiben zweyer Prediger / welche in der Insul Ceylon wohnen / und von denen der letzte Prediger Doctor und der daselbst auffgerichteten Schulen Rector ist.

C 2      Herr

### Herr Hermann Specht/
Diener des Worts Gottes in Colombo/ schreibet also:

IN der Herrschafft Jaffanapatnam unter welcher auch Manaar begriffen wird/ seynd ausgenommen Manaar nach der letzten Rechnung und nach der Verzeuchniß/ welche uns davon überreichet worden hundert und ein und viertzigmal tausend vierhundert und sechs und funfftzig (141456) bekehrte Christen gefunden worden/ derer Bekehrung fünff Prediger fürgesetzet waren; Aber nachdem vor wenig Tagen ein Prediger gestorben/ stehen ihnen noch nur vier Prediger vor.

Zu Colomben/ den 20. Decembr. 1684.

Diese

Dieſer Zahl der bekehrten Indiſchen Chriſten in der Zeit bey nahe von vierzehen Jahren ohngefehr mit vierzigtauſenden vermehret/ wie aus dem andern Schreiben deſſelben Herrn Spechts erhellet: Die Herrſchafft Jaffanapatnam/ welche den Herrn von der Oſt-Indiſchen Compagnie allein unterworffen/ hat zweymahl hundert tauſend/ ſieben hundert und neun und funffzig (278759.) Einwohner/ unter welchen hundertmahl tauſend/ achzig tauſend/ dreyhundert und vier und ſechtzig (180364.) bekehrte Indianiſche Chriſten ſeynd.

Colomben/
den 7. Janur. 1688.

### Herr Adrian de Mey/
Diener des Wortes Gottes und Rector der auffgerichteten Schulen schreibet also:

Ich bin von dem Hoch-Edlen Herren Commissario von Rhede zum Rector der Schulen gesetzet / welche der Hoch-Edle Herr hier auffrichten lässet / damit ich die Malabarischen Knaben zuförderst die Holländische Sprache lehre und hernach dieselbe durch Hülffe dieser Sprache tüchtig mache / daß sie mit der Zeit Lehrer/ Proponenten und Prediger werden / zu welchem Wercke Gott seinen Seegen und Gnade verrleihe/ Amen!

Jaffanapatnam/
den 6. Novemb. 1690.

Ein

### Ein Auszug aus einem
### andern Brieffe.

Der Zustand der Kirchen ist noch so / wie er war / als ich demselben letzt geschrieben habe. Die Malabarischen Jünglinge / welche in der aufgerichteten Malabarischen Schule wohnen / seyn fleißig und nehmen fein zu in der Holländischen Sprache / also daß sie in einer Jahres frist haben lesen und schreiben lernen Sie können Christliche Gebethe / und die Fragen aus Vorstii Büchlein können sie auswendig hersagen / und dieselben aus der Holländischen Sprache in die Malabarische übersetzen /

setzen/ sie singen auch die Psalmen in unserer Kirchen. Ich hoffe GOTT werde ihnen ferner seine Gnade verleihen/und sie mit seinem Geist erfüllen/ damit diese Jünglinge mit der Zeit gesegnete Werckzeuge werden der Fortpflantzung des Reichs Christi unter diesen Heyden.

Jaffanapatnam/ den 22. Januar. 1692.

Ein

## Ein anderer Auszug geschrieben aus Amboin.

Damit nicht jemand meine/ daß in der Insul Ceylon allein eine so merckwürdige Bekehrung der Heyden zu der Christlichen Religion geschehen; So habt ihr hie ein ander Schreiben von Herrn Franciscus Valentin von Dordrecht/ Diener des Worts Gottes in Amboin geschrieben/ welcher nicht nur allein von der Bekehrung der Indianer/ sondern auch der Muhammedaner in Latein also an mich geschrieben hat:

Es hat den allerhöchsten GOtt gefal=

gefallen/mich zu den Ost-Indischen Kirchen in Amboin zu senden/ allwo in deſſen Haupt-Stadt/ der Ehrwürdige und (wie ich aus ſeinem Munde vernommen) demſelben wohlbekante Cornelius von der Sluys von Utrecht bey die dreyßig tauſend Seelen/ durch die Predigt des Worts Gottes/ mit ſonderbahrer Wachſamkeit und beſtändigen Fleiß unter den Heyden weidete; Eine Säule und Stütze dieſes gantzen Gebäudes. GOTT hat gegeben/ daß viele/ welche erbärmlich irreten ſo wohl aus dem Heydenthum als der Muhamedaniſchen Abgötterey (dann hier werden

werden viel Muhamedaner gefunden/) zu Christo und unter seine Bothmäßigkeit seynd überbracht worden. Hier werden offt zu einer Zeit hundert Kinder getauffet/ welche allgemach in einer löblichen Blüthe ihres Alters auffwachsen/ und ihres Fleisses/ ihrer Vernunfft und Gottesfurcht herrliche Proben abstatten. Hier blühet die Religion; hier blühen die Schulen. GOTT ist unter den Heyden bekant und wird von ihnen angeruffen. Es nehmen nicht nur die abergläubischen Amboinenser / sondern/ welches zu verwundern/ auch die Muhamedaner selbsten / den wah-

wahren GOTT und den Dienſt
des wahren Gottes an/ und verlaſ-
ſen die Götter ihrer Väter/ welche
ihnen von ihren Vorfahren zube-
dienen fürgeſetzet worden/ ſie hal-
ten an umb die Tauffe/ und bege-
ben ſich mit freudigen Hertzen
zu Chriſto/ deſſen Geboten ſie zu
gehorchen ſich keines weges wei-
gern. u. ſ. f.

Amboin in Oſt-Indien<br/>den 10. Junii 1686.

Ich habe nicht gekont noch ver-
mocht länger auffzuſchieben dieſe
vorhergehende Dinge auszugeben;

Theile

Theils wegen mündliches Anhaltens allerley Leute / theils wegen der Brieffe in welchen solches von mir ersuchet und gleichsam ausgepresset worden. Es soll unter andern nur dieser nachfolgende Brieff des hochberühmten Herrn **Peter Jurieu** / Diener des Worts Gottes und wohlverdienten Professoris der H. Gottes-Gelehrtheit zu Rotterdam / dessen ein klares Zeugnüß abstatten.

Hoch

## Hochberühmter
## Herr!

JCh habe die Auszüge der Brieffe bekommen / welche an denselben geschrieben seyn aus der Insul Ceylon wegen der Zahl der zum Christenthum bekehreten: Gewißlich ich habe mich hertzlich erfreuet / daß GOTT seinen Dienern einen solchen Seegen verliehen hat / daß sie endlich die Reformirte Religion von dem Hohn und den hefftigen Schmach-Reden befreyen / womit die Päbstler die Unserigen zu verleumden sich unterstehen / als wann wir alle

Be-

Bekehrung der Indianer unterlieſſen. Hochberühmter Herr/ es wird derſelbe ſich nunmehr gefallen laſſen Sorge zu tragen wie wir ferner Nachricht erhalten mögen/ von der Art und Weiſe wie dieſe Bekehrung ſich vermehret/ und wann dieſes Göttliche Werck ſeinen Anfang genommen habe. Denn es iſt gewiß ſo wohl den Unſrigen als unſerer Ehre daran gelegen/ daß ſolches alles kund werde und öffentlich ausgehe. Dannenhero hochgerühmter Herr erſuche denſelben ſehr/ daß er dieſes Werck auff ſich nehme/ und umb ſolche Erbauung der Kirchen Sor-

Sorge trage. GOTT erhalte meinen hochberühmten Herrn gesund zum besten und Zierath seiner Kirchen. Dieses wünschet desselben ergebenster

Peter Jurjeu.

Rotterdam/den 5. Novembr. 1688.

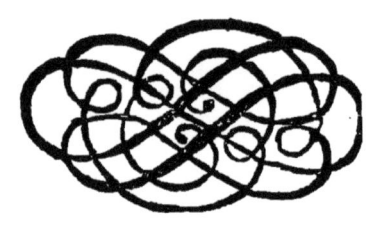